零基础学
杨氏太极拳

（视频学习修订版）

高崇 编著 杨天硕 摄影

人民邮电出版社

北 京

图书在版编目（CIP）数据

零基础学杨氏太极拳：视频学习修订版 / 高崇编著；
杨天硕摄. -- 2版. -- 北京：人民邮电出版社，2022.5
ISBN 978-7-115-58290-4

Ⅰ. ①零… Ⅱ. ①高… ②杨… Ⅲ. ①太极拳－基本
知识 Ⅳ. ①G852.11

中国版本图书馆CIP数据核字(2021)第264683号

免责声明

内 容 提 要

本书是为广大太极拳爱好者及想了解杨氏太极拳的人士编写的太极拳入门级图书。全书涵盖杨氏太极拳的简介、基本要求、步型和步法，以及24式太极拳教学动作等内容，以多角度真人实拍图，分步骤展示太极拳的连贯动作。通过这本书中专业教练的详细演示，读者可迅速了解杨氏太极拳的基础知识和训练技巧。喜欢太极拳的朋友们可以通过阅读本书，轻松掌握太极拳的相关知识以及实际技法。热爱太极拳的入门级练习者可以从本书中找到需要的知识和实战技法。

◆ 编　著　高　崇
　　摄　影　杨天硕
　　责任编辑　刘日红
　　责任印制　马振武
◆ 人民邮电出版社出版发行　北京市丰台区成寿寺路 11 号
　　邮编　100164　电子邮件　315@ptpress.com.cn
　　网址　https://www.ptpress.com.cn
　　临西县阅读时光印刷有限公司印刷
◆ 开本：700×1000　1/16
　　印张：9.5　　　　　　　　2022 年 5 月第 2 版
　　字数：161 千字　　　　　2022 年 5 月河北第 1 次印刷

定价：35.80 元
读者服务热线：(010)81055296　印装质量热线：(010)81055316
反盗版热线：(010)81055315
广告经营许可证：京东市监广登字 20170147 号

在线教学视频观看说明

本书提供了完整版的杨氏太极拳视频,您可以通过微信的"扫一扫"功能,扫描本页右上角的二维码进行观看。

微信"扫一扫"

步骤 1 点击微信聊天界面右上角的"+",弹出功能菜单(如图 1 所示)。

步骤 2 点击弹出的功能菜单上的"扫一扫",进入该功能界面,扫描本页右上角的二维码。

步骤 3 如果您未关注"人邮体育"微信公众号,在第一次扫描后会出现"人邮体育"的二维码(如图 2 所示)。关注"人邮体育"微信公众号之后,扫描后即可观看视频。

如果您已经关注了"人邮体育"微信公众号,扫描后可以直接观看视频。

图 1

图 2

作者简介

高崇：太极拳世界冠军，国家级运动健将，中国武术六段，毕业于北京体育大学。

个人主要运动成绩：

◎ 2008 年第九届上海国际武术博览会太极拳第一名

◎ 2008 年全国武术套路锦标赛太极拳剑全能冠军

◎ 2008 年担任上海国际科技与艺术展"太极与八卦"展演者

◎ 2012 年全国太极拳锦标赛太极对练第一名

◎ 2012 年主演舞台剧《风中菩提》

◎ 2008—2012 年多次随国家领导人代表国家出访亚洲、欧洲、

　 非洲，传播太极文化

◎ 2013—2014 年北京高校太极拳、太极剑、太极器械比赛冠军

◎ 2013 年被选为太极禅形象大使，拍摄太极禅教学片

◎ 2013 年与古琴名家王鹏老师同台演出，亮相国家大剧院及上

　 海国际艺术节

◎ 2014 年随古琴名家王鹏老师赴墨尔本等地参加文化艺术节

　 展演

◎ 2014 年录制央视"我们的中国梦——五月的鲜花"体育竞技类表演《为我们喝彩》节目

◎ 2014 年应国家汉办邀请，赴美国参加孔子学院十周年演出

◎ 2014 年 APEC 会议期间为各国政要表演《太极神韵》，获得高度赞扬

◎ 2014 年、2015 年在钓鱼台为国家领导人和与会来宾表演太极

应电视台之邀参与各类演出百余场，长期担任多家机构、企业的太极教练，拥有丰富的舞台表演和教学经验，逐步建立起独特的适合各类人群的教学体系。出于对太极的热爱，无论专业比赛、舞台表演还是普及教学，都有独到的认识和见解。

目录

第四章　准备动作

第五章　杨氏太极拳的基础动作练习

第六章　24式太极拳教学动作学习

第一章
杨氏太极拳简介

杨氏太极拳是一种历史悠久的拳术,也是太极拳的重要流派之一。它是由河北省邯郸市永年人杨露禅及其子杨班侯、杨健侯,其孙杨少侯、杨澄甫等人发展创编的。

① 太极拳的起源

太极拳,属国家级非物质文化遗产,是以中国传统儒、道哲学中的太极和阴阳辩证理念为核心思想,集颐养性情、强身健体、技击对抗等多种功能为一体的中国传统拳术。

太极拳的创始,目前有两种不同的说法。在抗日战争之前,全国各地的太极拳家无不尊张三丰为祖师,原因是张三丰创建了武当派,创始了内家拳。太极拳作为内家拳之首,尊称张三丰为祖师,是一种自然归属。张三丰创立的太极拳、八卦拳、形意拳、五行拳、混元拳、玄武棍等,都是从道教经书中汲取精华引申而来的。张三丰所创的拳法和棍术都有一个共同特点,即注重内功和阴阳变化,讲求意、气、力的协调统一,动作沉稳,姿势含蓄,劲力浑厚,神意悠然。这些特征无不与道家的清静柔弱、淡泊无为的主张和道教的"三宝修炼"(炼精化气、炼气化神、炼神还虚)相吻合,内以养生,外以却恶,可以说是留给后世的珍贵历史文化遗产。

陈王廷雕像

另一种说法是,太极拳创自陈王廷。此种说法出自顾留馨、唐豪先生对太极拳的考证和《太极拳研究》。他们考证陈王廷创太极拳的依据有两点:一是有陈氏后人所撰有祖先的打油诗《闷来时造拳》;二是陈王廷留有一篇《拳经总歌》。据考查,这篇陈氏《拳经总歌》并非陈氏所独有,山西洪洞通背拳《拳经总论》除极个别字外,其他内容与之完全相同。

零基础学杨氏太极拳

杨氏太极拳从杨露禅开始，中间经过杨露禅的子孙继承和创新，愈加完善，广为流传，成为人们习武健身、强身健体的大众拳法。

• 1. 由来

　　杨氏太极拳是一种历史悠久的拳术，也是太极拳的重要流派之一，它是由河北省邯郸市永年人杨露禅及其子杨班侯、杨健侯，其孙杨少侯、杨澄甫等人发展创编的。由于杨氏太极拳姿势舒展，平正朴实，练法简易，因此深受广大群众的热爱，传播得最为广泛。杨氏太极拳对手、眼、身法、步都有严格的要求。手、眼、身法、步按要求做到正确，练拳和推手才能收到良好的效果。

• 2. 发展

　　19世纪40年代初，杨氏太极拳的始祖杨露禅（1799—1872）将太极拳的健身功能引入社会，使其迅速流传至大江南北。太极拳在中国武林盛极一时。

　　后来，杨露禅第三子杨鉴（1839—1917，字健侯，号镜湖）在继承父亲"小架子"太极拳的基础上，将拳法幅度扩大，修改成"中架"，既保持技击特点，又适合健身需要，使杨氏太极拳有了进一步的发展。

　　杨鉴第三子杨兆清（1883—1936，字澄甫）在父亲所发扬光大的中架太极拳的基础上，完整地继承了杨家拳、剑、刀、枪、大捋、散手、对刀、粘剑、粘枪、点穴及内功心法，晚年时他集杨家三代之经验，将杨氏太极拳套路架势逐步定型。杨澄甫因此被誉为杨氏太极拳承前启后的一代宗师。他先后撰写出版了《太极拳术》《太极拳使用法》和《太极拳体用全书》，详述杨家祖传太极拳精华，为后来的学者留下了宝贵的武学经典。

杨澄甫

发源地

　　杨氏太极拳发源地是河北永年广府。广府古城位于河北省邯郸市永年县广府镇，历史悠久、自然风光秀美、文化底蕴深厚，是全国独一无二的古城、水城、太极城。

广府古城

③ 太极拳的实用功能

太极拳不但具有强身健体的作用，而且在击技防卫上也有独到之处。

中医认为，打太极拳对身体多方面都能起到保健作用，它不仅能加强肾脏的功能，调节人体内分泌，还能改善因肾精不足所导致的腰腿酸软、失眠、多梦等症状。

首先，太极拳的呼吸方式会改善人体部分器官的功能。打太极用"腹式呼吸"，腹式呼吸可以改变腹腔的压力，增大胸廓容积，增强腹内脏器活动，从而改善人体的血液循环，并改善人体消化系统的功能。

打太极拳对全身的骨骼和肌肉都能起到改善作用。在做太极拳运动时，全身的骨骼和肌肉都会呈周期性地舒张和收缩，血液循环会得到加强和改善，内脏中的毛细血管网都被调动起来，心肌营养得到有效供给。

太极拳对神经系统也有良好的调节作用。它可以有效舒缓人的精神状态，有效改善神经衰弱、失眠健忘等症状。

太极拳不仅对养生保健有很好的作用，而且它是一种拳术，讲究技击性，在技击和防卫上有独到之处，是可以真打实战的功夫。

杨氏太极拳的击打法有两种，分别是"击打法"和"掷抛法"。"击打法"即"击打劲"，俗称"断劲"。实战中使用"击打劲"时，可瞬间使对方局部受伤，疼痛难忍，从而失去战斗力。"掷抛劲"即将对方整体掷出，这种方法不会给对方带来很大的疼痛感，对方也不会失去战斗力。

太极技击的实战交手中，要讲究用招击打、先守后攻，然后再克敌制胜。在实战中要养成缩短技击路线、提高击敌速度的技能习惯。

太极拳的实战性，我们以"起势"动作为例讲解。

"起势"动作是典型的防守解脱动作。实战中，当被对方从正面双手扣住双肩时，己方双手自下而上移动，从对方双手的内侧按压对方双臂，从而完成解脱过程。又如"左右野马分鬃"，以"左野马分鬃"为例，当对方从左方向己方面部击拳时，顺势闪躲，然后用右手抓住对方右手手腕，同时将左脚插入对方右脚后侧，再用左臂插入对方左腋下，贴紧对方，并快速拧转上体，这样就可以使对方失去重心，向后摔倒。太极拳中，类似这种典型的攻防动作有很多，都具有实战意义。

太极拳是一个完整的理论技术体系，练习太极拳，必要的装备也占有重要的位置。

● 1. 太极服

太极服是我国武术练功服的一种。古时习练者练功时一般穿着长衣长裤，不束腰，以宽松为主，并且练习时不可着围巾、帽子、手套，以免阻碍体内气息的运转与流动。太极服通常是按照中国民间传统服装样式制作，荷叶领、对襟盘扣，颜色主要以白色或黑色为主，比较讲究的太极服上会有精致的刺绣图案。

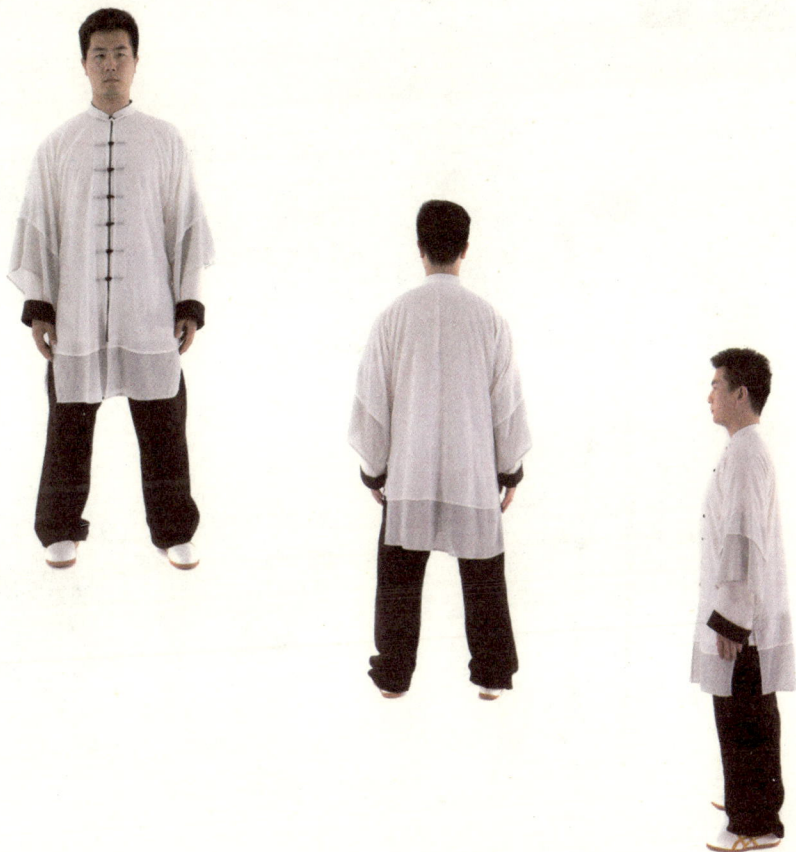

太极服装如何挑选**?**

服装的选择很重要，不同的面料和颜色会带给人不同的感觉，一般比赛时需要的是绸缎面料；平时多穿着亚麻面料的太极服。此穿着方法的优点已经得到了很多职业运动员的验证。

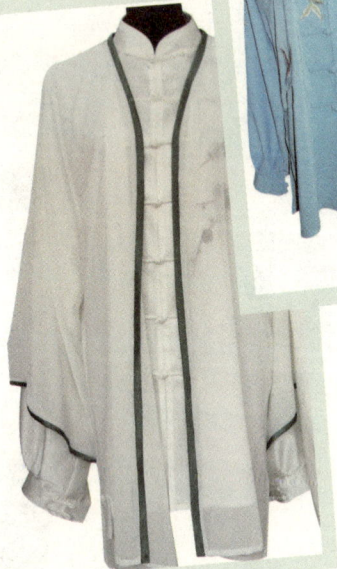

服装材质

1. 涤纶
涤纶布料直挺不易变形，最便宜，但不透气。

2. 丝绸
丝绸布料轻盈凉快，但价格也稍贵，不易保养。

3. 纯棉
纯棉布料轻薄透气，吸汗能力强，价格亲民易打理。

4. 抓绒
抓绒布料手感舒适，厚重保暖，但是易沾灰尘。

鞋子的挑选

太极鞋一般有帆布鞋和皮鞋两种，鞋底比较大（不是那种流线型很随脚的造型），这样的鞋底造型更加适合练太极拳。最好的太极鞋是聚氨酯鞋底的鞋子。聚氨酯鞋底弹性较好，而且比牛筋底耐磨很多倍。由于太极拳有许多脚部的动作，有的是前脚掌着地捻动，有的是脚跟着地捻动，所以拥有一双舒适的太极鞋是保护脚部的明智选择。

帆布太极鞋的特点

(1) 鞋面：耐磨舒适的帆布材质，防臭且透气。

(2) 穿带连接：多孔穿带，适用于不同围度的脚型。

(3) 鞋内：鞋口后侧内包软棉后跟圈，可以更有效地保护脚踝部位不被磨损。

(4) 后跟：内置半圆布贴与外置半圆软胶皮，双重保护脚跟；后跟鞋型坚挺漂亮，穿着更加舒适，可以有效增加耐磨程度。

聚氨酯鞋底

第二章
杨氏太极拳的基本要求

杨氏太极拳对身法和手法有着严格的要求，只有二者按要求都做正确，才能达到良好的效果。

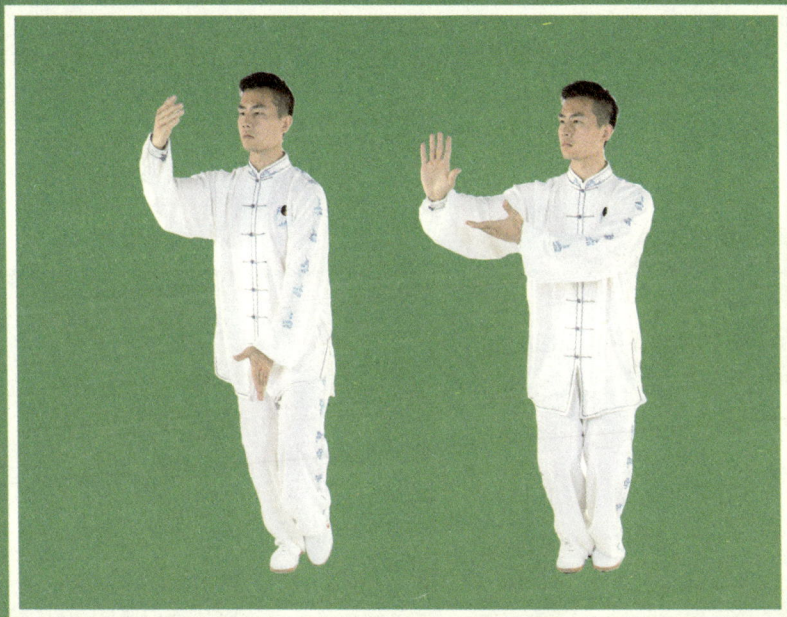

① 钩手

钩手, 也叫吊手, 做法是五指下垂相拢, 拇指、食指、中指指尖轻合, 手心要空, 腕部舒松自然。手形似钩, 故名"钩手"。

外侧

内侧

钩手有抓筋、拿脉、锁骨、截劲等作用, 使被"钩"者痛彻肺腑、有深透入骨之感。

但用力死钩, 会使自己的腕部与臂部僵直, 失去灵活性, 阻碍经气的循行。钩手可以锻炼腕部的旋转, 含有叼手、擒手与解脱擒拿的方法。在套路练习中, 钩手的动作意义不可忽视。

钩手示意图！

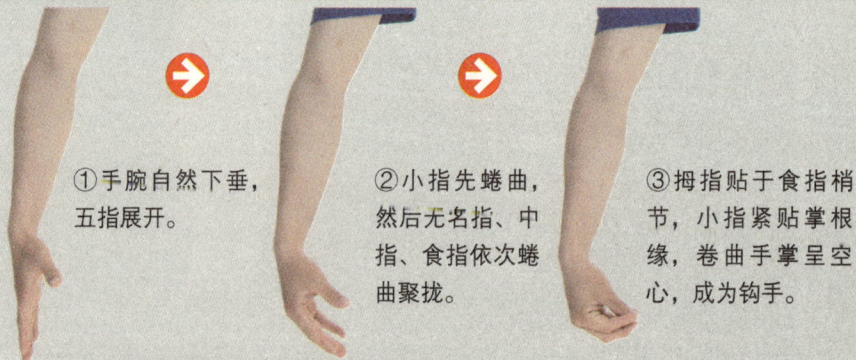

①手腕自然下垂, 五指展开。

②小指先蜷曲, 然后无名指、中指、食指依次蜷曲聚拢。

③拇指贴于食指梢节, 小指紧贴掌根缘, 卷曲手掌呈空心, 成为钩手。

② 身形

躯干的形态称为身形。太极拳的身形要求有："立身中正安舒，八面支撑""虚领顶劲，含胸拔背""立如秤准，活似车轮""尾闾中正神灌顶，满身轻利顶头悬"等。

第二章 杨氏太极拳的基本要求

躯干的形态称为身形 。"立身中正安舒"是太极拳静态身形的基本技法。"上悬中松下沉"是太极拳动态身形的技法。

太极拳是一项整体运动，要求"一动无有不动，二静无有不静"。意欲通过整体运动，达到能够整体发力的目的。

注意细节！

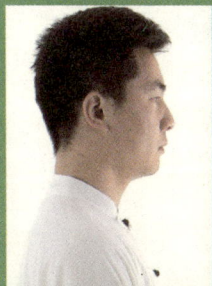

太极拳对头部的要求是"虚领顶劲"。

注意细节！

对肩臂的要求是松肩沉肘，肘要下垂，自然弯曲，不可僵直。松肩要做到肘不贴肋，肘不离肋，其手臂有圆转松活之意。

太极拳的握拳形式为：四指并拢蜷曲，指尖贴于掌心，然后拇指蜷曲，贴于食指与中指中节上，握成拳形。

发拳时腕部不能软，拳顶不能上撩，也不能下栽，必须直腕。

拳论有"蓄势散手，着人成拳"之说。也就是说，在蓄劲时要虚握拳，在发力着人的一瞬间成拳，力贯拳顶。

零基础学杨氏太极拳

外侧

内侧

④ 掌

五指自然伸展，互不靠拢，也不要太开，以掌宽为度，大拇指自然松竖，掌心不可太凹，也不可太张，以自然舒展为度。

外侧

五指略舒微曲、指间略分、掌心微凹。

内侧

第三章
杨氏太极拳的步型与步法

杨氏太极先师杨澄甫在《太极拳十要》中论述"上下相随"时认为，太极拳"其根在脚，发于腿，主宰于腰，形于手指，由脚而腿而腰，总须完整一气也"；在《太极拳体用全书·练习谈》中强调"两脚宜分虚实，起落犹似猫行"，都说明了脚的步型和步法在杨氏太极拳中的重要性。

① 基本步型

在太极动作中，步型是通过腰胯力量和手部的动作同时完成的，不允许先完成步型再去做手部动作。

• 1. 马步

双脚开立下蹲，间距2~3个脚宽，两脚外撇约30度。然后腰胯发力使双膝下沉，呈半蹲姿态。两膝与脚尖方向相同，膝盖垂直方向不可超过脚尖。马步的特点是下盘稳固，平衡能力好。

正误对比！

❌ ✅

呈半蹲姿态，膝盖不能超过脚尖。

• 2. 弓步

前胸：胸部朝前，上体保持中正状态。

前腿：前腿屈膝前弓，大腿接近水平（或斜向地面），膝盖不超过脚尖。

背部：背部保持挺直，由腰胯用力向前推送，动作忌生硬。

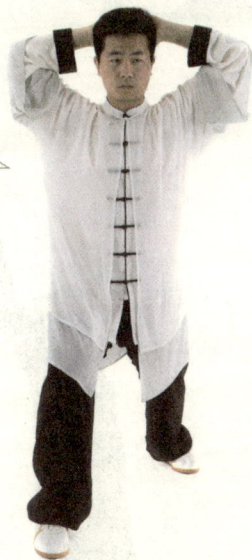

弓步是太极拳的一个基本步型，俗称弓箭步，演练中经常使用。一条腿向前方迈出一大步，为脚长的4~5倍，同时膝关节弯曲，大腿近于水平，膝盖与脚尖垂直；另一条腿伸直。两脚全脚掌着地，上体正对前方。左腿在前为左弓步，右腿在前为右弓步。

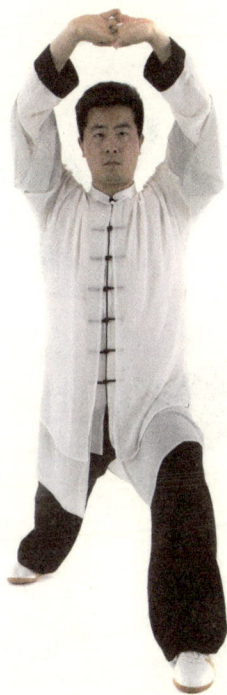

正误对比！

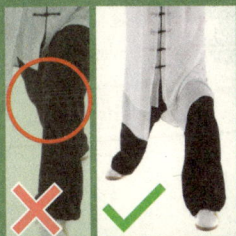

后脚在前脚的侧后方。

两脚要踏实地面，不能抬起后脚跟。

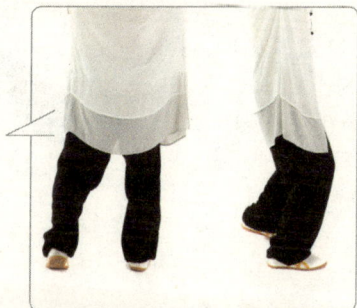

一条腿屈膝半蹲，全脚着地，脚尖向前；另一条腿弯曲，脚前掌或脚跟点地。

一条腿全蹲，膝与脚尖稍外撇；另一条腿自然伸直，平铺接近地面，脚尖内扣，两脚着地。两腿左右移动变步，动作不要太快，臀部在移动时尽量贴近地面。

正面展示

零基础学杨氏太极拳

018

◎ 动作要领

挺胸、塌腰、沉髋；一条腿伸直，另一条腿深蹲。

5. 歇步

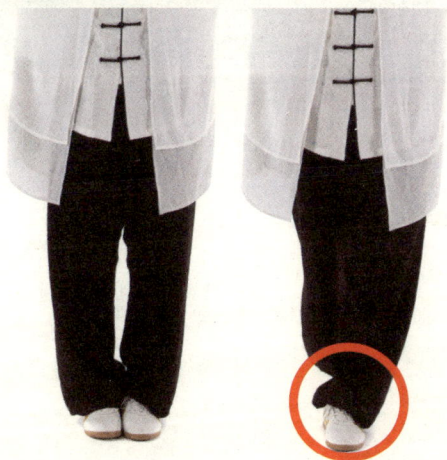

两脚开立与肩同宽，然后抬左腿移至右脚边。待两腿交叉后，稳定双脚使身形下压。双腿盘曲下压，上体保持直立。将全身的重量完全压至下盘，而上体仍保持自然直立。两腿交叉，屈膝全蹲，前脚脚尖外撇，全脚着地；后脚脚尖向前，脚跟离地，臀部接近脚跟。

多角度示意图！

侧面

② 基本步法

步法练习是杨氏太极拳的基础。杨氏太极拳对步法的要求是要分清虚实,下盘有根;虚实转换清楚,绝不轻浮。

● 1. 前进步

❶ 身体自然直立,两脚并立,脚尖向前。两臂自然下垂,两手放在大腿外侧。眼睛平视前方。

❷ 脚尖稍向外撇,两手叉腰。

❸ 之后左脚抬起迈向左侧大约一步距离,呈两脚开立姿势。双手叉腰下蹲,身体微向左转,提右脚,右脚经过左脚内侧向前方开步。

④～⑤ 向右前方开步。右脚跟内侧先着地，脚尖上翘里扣，膝关节勿僵直，右脚迈步向前踏实，身体重心前移，呈右弓步。之后身体微右转。

⑥ 身体重心慢慢后移，抬起右脚脚尖。

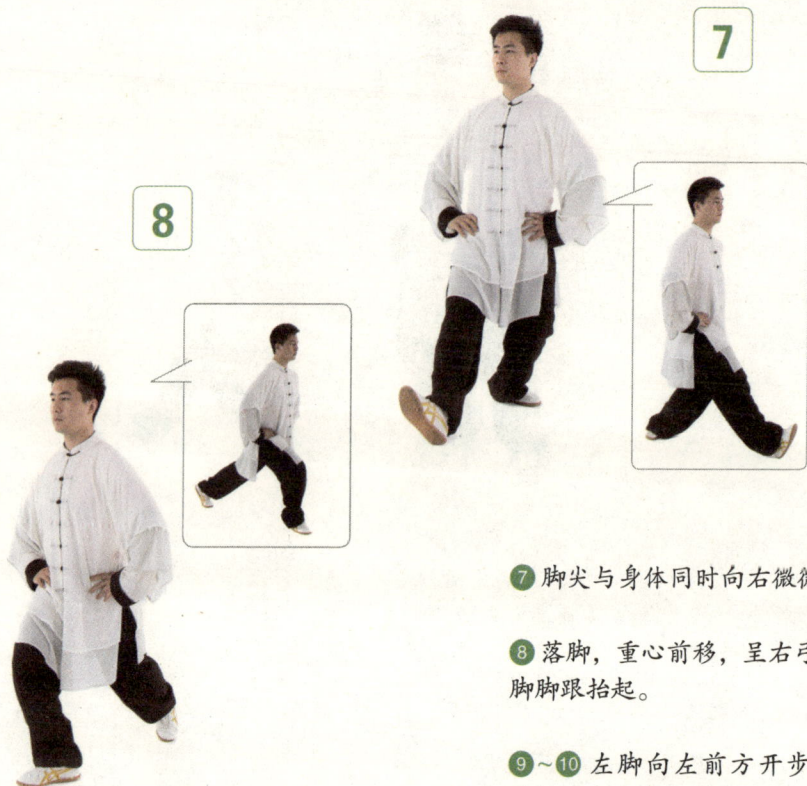

7 脚尖与身体同时向右微微转劲。

8 落脚，重心前移，呈右弓步，左脚脚跟抬起。

9~10 左脚向左前方开步。右胯撑住，左脚脚尖触地。

13

12

⑪ 重心后移，左脚跟着地，脚尖上翘里扣，膝关节勿僵直，左胯沉住，保持开裆圆胯。

⑫ 上体保持不动，左脚踏实，右膝弯曲。

⑬ 最后右腿伸直，脚尖朝前，上体前倾呈左弓步。

11

2. 退步

2

1

3

❶~❷ 身体自然直立，两脚并立，脚尖向前。两臂自然下垂，两手放在大腿外侧。眼睛平视前方，双手叉腰下蹲。

❸ 抬起右腿，右腿屈膝，松胯。

❹~❺ 向身体后方蹬右腿，右脚脚尖先着地后踏实，左腿弯曲呈左弓步。身体重心慢慢后移，右膝微屈，上体姿势不变。

4

5

零基础学杨氏太极拳

024

⑥ 接着身体重心移至右腿，左腿抬起。

⑦ 左腿屈膝，松胯，向身体后方蹬左腿，脚尖先着地后踏实，右腿弯曲呈右弓步。

⑧~⑨ 身体重心慢慢后移，左膝微屈，身体重心移至左腿。

①～②身体自然直立，两脚并立，脚尖向前。两臂自然下垂，两手放在大腿外侧。眼睛平视前方，双手叉腰下蹲。

③右腿屈膝，松胯，左脚抬起。

④～⑤左脚迈向左侧大约一步的距离，脚尖先触地，后落脚踏实，呈两脚开立姿势。

9

8

⑥ 上体向左移动，同时重心向左移，左腿弯曲。

⑦ 抬起右脚脚后跟，上体向左微微移动。

⑧~⑨ 最后收回右腿，右腿屈膝，脚尖触地，随后右脚踏实，双腿呈半蹲姿势。

7

6

第四章
准备动作

在运动前我们需要做一些准备活动。不做准备活动，身体没有处于运动状态中，就很容易受伤。在太极运动中，身体的髋关节、膝关节等各关节会受到较大的压力，因此在准备活动中要重点锻炼各个关节部位。

• 1. 四周扭头

身体直立放松，两臂下垂，两脚微开，相距大约一步距离，头部依次按照上—左—下—右的顺序转动，转动时动作要缓慢。可持续进行数次。

身体直立放松，两脚分开，相距大约一步的距离，双手交叉相握，置于脑后。然后两臂逐渐向头部合拢90度，后抱头向下方低头，使面部朝向地面。可持续进行数次。

右扭头

身体直立放松，两脚分开，相距大约一步的距离。伸右手，手掌由头顶绕过，贴住左侧面部，左手从身体前方伸出，握住右臂肱二头肌部位，右手扳住头部向右侧扭动，可持续进行数次。

零基础学杨氏太极拳

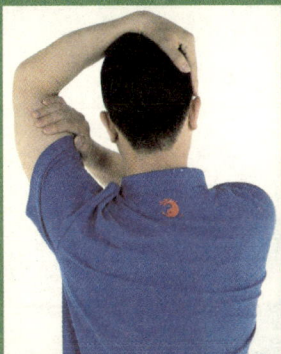 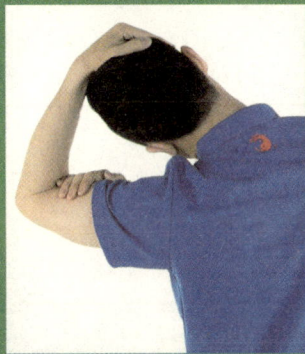

右手按在左臂内侧，同时左臂向左侧拉动头部，用力要均匀。

第四章　准备动作

033

1

双臂平举，伸直，动作要到位，注意双掌向上。

❶ 身体直立放松，两脚分开，相距大约一步的距离。两臂向左右两侧张开伸至与肩部呈一条直线，手掌朝上，然后两臂弯曲折搭在肩部。

❷ 手指贴住肩膀，弯曲的双臂分别
向上、向下活动。

❸ 手指贴住肩膀，弯曲的双臂分别
向前、向后活动。

3

2

用肩膀带动
两臂活动。

身体直立放松，两脚分开，相距大约一步的距离，两手在腹部位置交叉相握，掌心向上。而后抬起交叉握起的双手，举至胸前，掌心向内。交叉双手由胸前向外翻掌，直到双臂伸直翻至头顶，掌心向上掌背向下。

双掌相握，由内向外翻掌，掌心此时向外。

接着弯腰前倾180度，直至手掌距地面一指距离，双手掌心朝下。双手松开，分别摸住左右两侧膝盖，慢慢蹲下，两肩端平，平行于地面，然后起身直立复原。

第五章
杨氏太极拳的基础动作练习

杨氏太极拳动作要求如长江大河，滔滔不绝。一动作之完成，乃下一动作之开端，绵延相续。心法上也要求一气呵成。

① 野马分鬃

1

零基础学杨氏太极拳

野马分鬃——抱球收脚

① 身体右转，重心移至左腿，右脚向右侧迈步，右腿弯曲，重心前移至右腿，左脚随即收到右脚内侧，脚尖着地，眼看右手。同时右臂抬起收至胸前平屈，掌心向下，左手翻掌经体前向右下画弧放在右手下，掌心向上，两手相对呈抱球状。

野马分鬃——转体上步

② 左脚向左前方迈出，右脚跟后蹬，右腿自然伸直，呈左弓步。左、右手随转体慢慢分别向左上、右下分开，左手高与眼平，肘微弯曲，掌心向上；右手落在右胯旁，肘微弯曲，掌心向下，指尖向前，眼看左手。

2

3

野马分鬃——弓步分手

③ 身体微向左转，右腿收脚迈向右侧，上体右转，左腿弯曲，身体重心移至左腿，左脚后蹬，左腿自然伸直，呈右弓步。同时左、右手随转体慢慢分别向右上、左下分开，右手高与眼平，肘微弯曲，掌心向上；左手落在左胯旁，肘微弯曲，掌心向下，指尖向前。眼看右手。

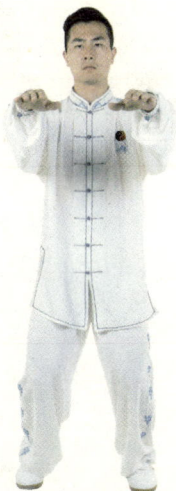

野马分鬃——收势

④ 左脚前迈，双腿微蹲，双脚呈开立姿势。双臂前伸与肩同宽，随后双掌下落于身体两侧。左脚轻轻提起与右脚并拢，前脚掌先着地，随之全脚踏实，恢复成预备姿势，眼睛平视前方。

4

1

左搂膝拗步——身体向右转

① 右腿向右侧跨步，左腿向右腿内侧迈步，脚尖着地，腿微弯曲。右手由下向上方画弧至右肩外侧，臂微弯曲，与耳同高，掌心向上；左手上起，由左向上、向右下方画弧至右胸前，掌心向下。眼看右手。

左搂膝拗步——上体向左转

❷ 左脚向前迈出，脚跟着地，然后踏实，左腿弯曲，重心前移至左腿，右腿蹬直，呈左弓步。同时右手屈回，由右耳侧向前推出，臂伸直，高与鼻尖平，掌心向外；左手向下由左膝前搂过，落于左胯旁，臂微弯曲，掌心向下。眼看右手。

2

零基础学杨氏太极拳

右搂膝拗步——身体向左转

③ 左膝伸直，右膝弯曲，随后右腿向左腿内侧迈步，脚尖着地，腿微弯曲。身体转向左侧。同时，左手向外翻掌，由左向上平举，掌心向上；右手随转体向左下画弧，落于左肩前，掌心向下。眼看左手。

右搂膝拗步——身体向右转

④ 提右脚，向前迈步，脚跟着地，右脚踏实。左腿蹬直，呈右弓步。同时左手屈回，由左耳侧向前推出，臂伸直，高与鼻尖平，掌心向外；右手向下由右膝前搂过，落于右胯旁，臂微弯曲，掌心向下。眼看左手。

4

❸ 倒卷肱

1

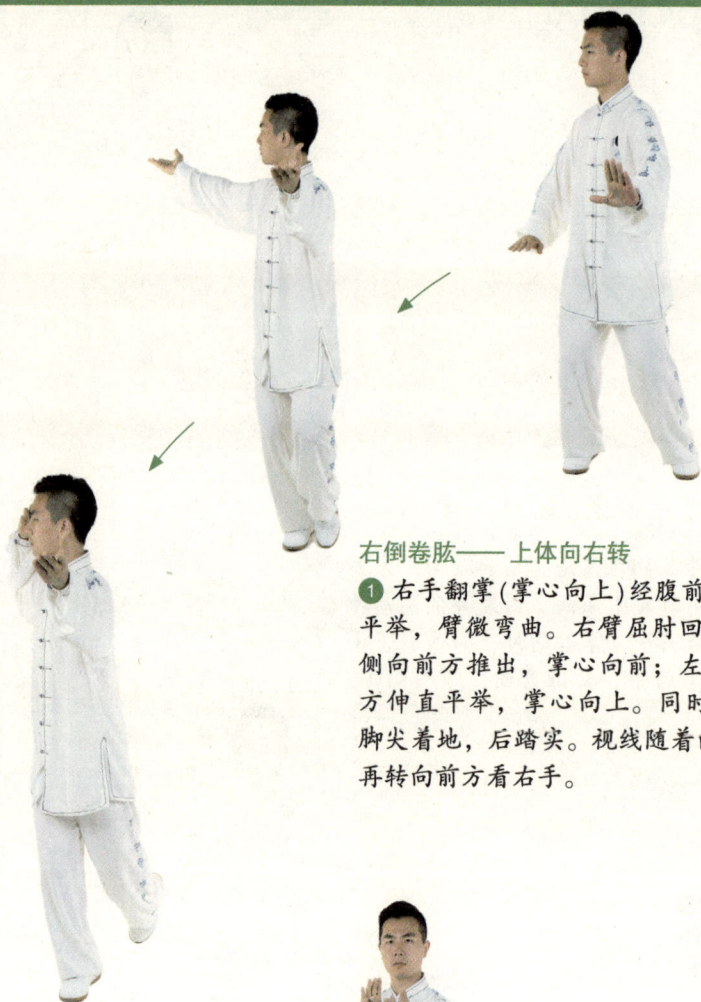

右倒卷肱——上体向右转

❶ 右手翻掌(掌心向上)经腹前由下向后上方画弧平举，臂微弯曲。右臂屈肘回收，右手经由右耳侧向前方推出，掌心向前；左手随即翻掌，向前方伸直平举，掌心向上。同时左脚向后方蹬脚，脚尖着地，后踏实。视线随着向右转体先向右看、再转向前方看右手。

左倒卷肱——上体向左转

❷ 左手翻掌(掌心向上)经腹前由下向后上方画弧平举，臂微弯曲。左臂屈肘回收，左手经由左耳侧向前方推出，掌心向前；右手随即翻掌，掌心向上，向前方伸直平举。同时右脚向后方蹬脚，脚尖着地，后踏实。眼的视线随着向左转体先向左看，再转向前方看左手。

2

1

右穿梭——身体微向左转

❶ 两手在左胸前呈抱球状(左上、右下),身体微向
左转,右腿缩至左脚内侧。然后右手向上方画弧至额
前,掌心向内,左手向下按压至左肋处,右脚抬起向
右前方蹬腿,脚跟着地。接着右手向下缩回,左手向
上抬起呈抱球状,右腿再次缩至左脚内侧。

右穿梭——右手向上画弧

❷ 右手向上方画弧抬至额前，掌心向内，左手
向下按压至左肋处，右脚抬起向右上方蹬腿，
脚跟着地。此时右手翻掌向外，左手经由腹前
向前方推掌，左臂微弯曲，掌心向外，眼看左
手。右脚踏实，重心前移，左腿蹬直呈右弓步。

2

左穿梭——身体重心后移

③ 右脚尖略向外撇，左掌收回于胸前，掌心向下，右手向下置于胸前，臂微弯曲，掌心向外。左脚经由右脚内侧向左前方迈步，右腿微弯曲，重心在右腿，左右两掌翻掌呈抱球状(左下、右上)，后左掌由腹部向左上方送掌，右手向下方按压至右肋前，掌心向下。

左穿梭——身体向左转

④ 左脚向左前方迈出，右腿屈膝，左脚脚跟着地，随后左脚脚掌踏实，重心前移，右腿蹬直呈左弓步。左手由面部前方向上送掌而后翻掌停在左额前，掌心斜向上；右手先向右下再经体前向前推出，高与鼻尖平，掌心向外，眼看右手。

4

5 转身搬拦捶

转身搬拦捶——转身扣脚

❶ 身体左转，重心移至左腿，左脚向左前倾，呈左弓步，右脚提起迈至左脚内侧，脚尖向下。左手向左上方画弧，向胸前按压，右手由右下方变拳后向上抬起。

转身搬拦捶——后坐握拳

❷ 右脚向前迈出，右腿伸直，脚跟着地，右脚尖外撇，左腿微弯曲，重心放在左腿。双手在胸前相交，左外右内，左手向下按压至左肋处，掌心向下；右拳向上翻出，向前平举，臂微弯曲，拳心向内。

转身搬拦捶——转体收拳

❸ 身体重心移至右腿上，左脚向前迈一步，脚跟着地；右腿屈膝，重心放在右腿。迈步的同时，左手由下向上抬起，经左侧向前平行画弧，掌心向右；同时右拳由前向后收至右肋旁，翻拳，拳心向内。眼看左手。

转身搬拦捶——弓步出拳

❹ 左腿向前，脚掌踏实，左腿前弓，身体重心前移，右腿蹬直呈左弓步。右拳向前方伸直打出，左掌收回，放于右臂处。

左右云手——开步云手

❶ 左脚先向左侧迈出一步，右脚随身体重心转移。左手翻掌经腹前向右上画弧至面部前侧，臂微弯曲，掌心斜向里。同时右手向上抬起至右肩前竖起，继而向下压掌至右肋旁。

左右云手——并步云手

❷ 身体重心逐渐左移，左腿弯曲，右脚向左脚内侧迈步并拢，右脚踏实，左脚脚尖触地。左手由面部前方向外侧翻掌前推，掌心向外，臂微弯曲。右手由右下方经腹前向左上画弧至左肩前。

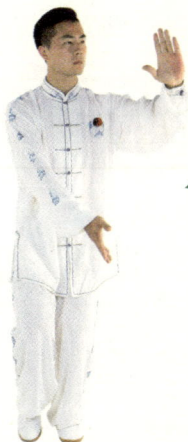

055

3

左右云手——并步云手

❸ 上体再向右转，右腿弯曲，左脚向左侧迈
一步。右手由面部前方向外侧翻掌前推，掌心
向外，臂微弯曲，同时左脚向右脚内侧迈步并
拢；左手继续由左下方经腹前向右上画弧至右
肩前。

左右云手——收势

④ 左脚向左迈一步，双腿微蹲，双脚呈开立姿势。双臂前伸与肩同宽，随后双掌下落于身体两侧。左脚轻轻提起与右脚并拢，前脚掌先着地，随之全脚踏实，恢复成预备姿势。眼睛平视前方。

4

第六章
24式太极拳教学动作学习

目前国家体育总局正式公布的48式、24式以及在许多场合表演的太极拳,都是这种杨氏太极拳或是由其演化而来的。杨氏太极拳,又派生出李式、吴式太极拳,在太极拳界执大旗。

扫二维码观看教学视频

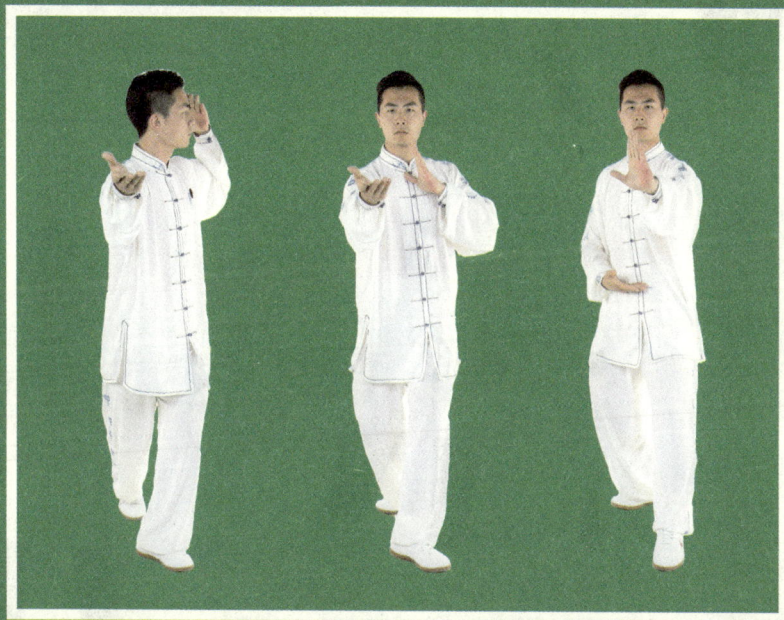

① 起势

身体由未动到开始动的第一个动作，称为起势。本势代表由静到动的开始，象征由无极到太极，暗合天地由无极开始。

扫二维码观看教学视频

1

2

060

起势——抬左腿

❶~❷ 两脚平行并拢站立，两手自然下垂，轻贴两腿外侧，下颌微内收。抬左脚，身体重心向右移。

起势——迈左腿

❸~❹ 左脚离地，向左侧横开步，两脚距离与肩同宽，两脚尖稍外撇。两手自然下垂，轻贴两腿外侧，眼睛平视前方。

3

迈左腿

4

8

7

起势——向上抬手

⑤~⑥ 两手缓慢抬起，向前平举，抬起至
与肩同宽、同高，掌心向下，两肘微下垂。

起势——落手

⑦~⑧ 两肩松沉，两肘松垂带动双臂下
落，掌心向下，落于腹前。同时，两腿屈
膝下蹲。眼睛平视前方。

6

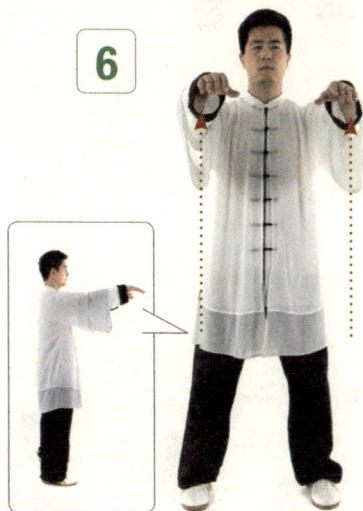

5

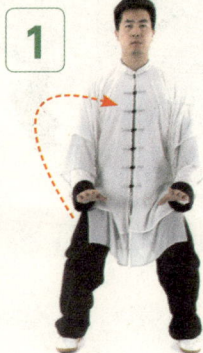

1

2

零基础学杨氏太极拳

左右野马分鬃——抬臂

❶~❷ 上体右转，重心逐渐移至右腿。同时右臂收在胸前平屈，掌心向下，左手经体前向右下画弧至右手下方。

左右野马分鬃——抬脚向左侧转向

❸ 接着左脚抬起，同时两手掌心相对，右上左下，右手大体与肩平，左手掌心朝上置于腹前，在胸前做出抱球的姿势。

062

3

正误对比！

抬腿时，双腿要弯曲，不要挺直。

左右野马分鬃——迈左脚

④ 眼睛看向左前方。上体左转，左脚向左前方上一步，脚跟轻着地，重心仍在右腿处。

左右野马分鬃——屈膝分手

⑤ 上体挺直，继续左转，重心分至左腿，左腿屈膝，左脚踏实。同时两手分别向左上和右下两个方向分开。

左右野马分鬃——抬脚尖向后坐

⑥ 左手移至左肩前，高与眼平，掌心斜向上。右手按至右胯旁，掌心向下，指尖向前，两臂微弯曲。上体慢慢后坐，同时重心移至右腿，右膝屈膝，左腿伸直，左脚尖翘起，微向外撇。眼看左手。

左右野马分鬃——前弓转体

⑦~⑧ 左脚掌慢慢踏实，左腿慢慢前弓，身体左转，身体重心移至左腿。然后右脚尖着地，右腿伸直。

左右野马分鬃——抱球收脚

⑨ 左臂收在胸前平屈，左手翻掌，掌心向下。右手向左上画弧放在左手下，两手相对呈抱球状。右脚随即收到左脚内侧，脚尖点地，眼看左手。

12

左右野马分鬃——转体迈右脚

⑩ 上体挺直，继续右转，右脚向右前方上一步，脚跟轻着地，重心仍在左脚处。

左右野马分鬃——屈膝分手

⑪ 右腿屈膝，右脚踏实，重心分至右腿。同时两手分别向右上和左下两个方向分开。

左右野马分鬃——前方转体

⑫ 上体挺直，继续右转，左腿自然蹬直，呈右弓步。右手移至右肩前，高与眼平，掌心斜向上。左手按至左胯旁，掌心向下，指尖向前，两臂微弯曲。眼看右手。

11

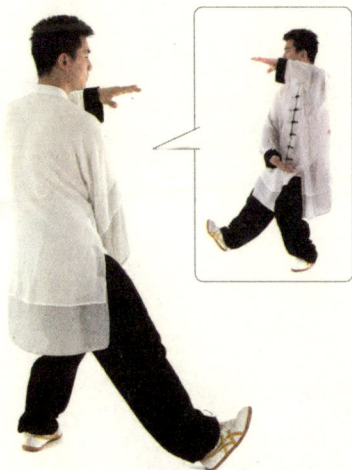

10

左右野马分鬃——抬脚尖向后坐

⑬ 上体慢慢后坐，同时重心移至左腿，左腿屈膝，右腿伸直，右脚尖翘起，微向外撇。

左右野马分鬃——前弓转体

⑭~⑮ 右脚掌慢慢踏实，右腿慢慢前弓，左腿自然伸直，呈右弓步。同时上体右转，身体重心转移至右腿。然后左脚尖着地，左腿伸直。

左右野马分鬃——抱球收脚

⑯ 接着左脚收到右脚内侧，脚尖着地，身体转向左侧，眼看左侧方向。两手掌心相对，在胸前做出抱球的姿势。右手与肩平，左手置于腹前。

左右野马分鬃——转体迈左脚

⓱ 上体左转，左脚向左前方上一步，脚跟轻着地，重心仍在右腿。

左右野马分鬃——屈膝分手

⓲ 左腿屈膝，左脚踏实，重心分至左腿。同时两手分别向左上和右下两个方向分开。

左右野马分鬃——左弓步

⓳ 右腿自然蹬直，呈左弓步。左手高与眼平，掌心斜向上，右手按至右胯旁，掌心向下，指尖向前，两臂微弯曲。眼看左手。

❸ 白鹤亮翅

此式动作右臂上扬亮掌，左臂下落按掌，犹如鹤之展翅，故得此名。

扫二维码观
看教学视频

1

2

零基础学杨氏太极拳

068

白鹤亮翅——跟步抱球

❶~❷ 接上式。左手翻掌向下，左臂平屈胸前，右手向左上画弧，掌心转向上，与左手呈抱球状，眼看左手。同时右脚向前跟半步，前脚掌轻轻落地，与左脚跟相距约一脚长。

3

白鹤亮翅——后坐转体

❸ 上体后坐，身体重心移至右腿，右手经胸前画弧至右侧头顶；左手扶住右臂内侧。左脚稍向前移，脚尖点地，呈左虚步，同时上体微向右转。

通过腰连接上下肢体的动作。胸部不要挺出，两臂上下都要保持圆形，左膝要微弯曲，重心后移和右手上提要协调一致。

白鹤亮翅——转腰分手

④ 两手随转体慢慢向右上、左下分开。

白鹤亮翅——右手上提

⑤ 右手上提，停于右前额顶部，掌心向左后方，左手落于左胯前，掌心向下，指尖向前。眼睛平视前方。

5

4

④ 搂膝拗步

此式名称来源于动作特征。拳式中一手搂过膝面叫"搂膝";因左脚在前而推右掌,或右脚在前推左掌,形成左右交叉式,故称之为"拗步"。

扫二维码观看教学视频

搂膝拗步——转体摆臂

①~②接上式。右手从体前下落,左手由左边起,向右下方画弧,掌心向下。同时上体微向左转。眼看右手。

搂膝拗步——转体画弧

③上体微向左转,右手由下向后上方画弧至右肩部外侧,臂微弯曲,掌心斜向上;左手经过左胸前向右下方画弧。

零基础学杨氏太极拳

070

搂膝拗步——左侧上摆

④~⑤ 上体右转，两臂交叉摆动，右手自头前下落，经右胯侧向右后方上举，与头同高，掌心斜向上。左手自左侧上摆，经头前向右、向下方画弧至右胸前，掌心向下。同时左脚回收，落在右脚内侧，脚尖点地。头随身体转动，眼看右手。

搂膝拗步——上步屈肘

⑥ 上体稍左转，左脚向前上一步，脚跟轻轻落地。右臂屈肘，右手收至耳旁（虎口对耳），掌心斜向前；左手向左、向下画弧至腹前。眼睛平视前方。

搂膝拗步——左脚踏实

⑦ 上体继续左转，重心前移，左脚踏实，左腿屈弓。

8

9

楼膝拗步——弓步搂推

❽ 右腿自然蹬直，呈左弓步。左手由左膝前向左搂过，按于左胯旁，掌心向下，指尖向前。右手呈立掌向前推出，指尖高与鼻平，右臂自然伸直，肘部微弯曲。眼看右手。

楼膝拗步——重心后移

❾ 身体重心后移，右腿屈膝，左脚尖翘起，微向外撇。

楼膝拗步——转体画弧

❿ 左脚踏实，右脚尖撑地，上体左转，两臂外旋，开始向左摆动，右手随之向左画弧。眼看右手。

10

零基础学杨氏太极拳

搂膝拗步——转体摆臂

⓫ 双臂继续向左摆动。上体继续微左转，重心前移，右脚收至左脚内侧，脚尖点地。眼看左手。

搂膝拗步——上步屈肘

⓬ 随之上体稍右转，右脚向前上一步，脚跟轻轻落地。左臂屈肘，左手收至耳旁（虎口对耳），掌心斜向前；右手向右、向下画弧至腹前。眼睛平视前方。

搂膝拗步——右脚踏实

⓭ 上体继续右转，重心前移，右脚踏实，右腿屈弓。

搂膝拗步——弓步搂推

❹ 上体继续右转，重心前移，左腿自然蹬直，呈右弓步。右手由右膝前向右搂过，按于右胯旁，掌心向下，指尖向前；左手呈立掌向前推出，指尖高与鼻平，左臂自然伸直，肘部微弯曲。眼看左手。

搂膝拗步——重心后移

❺ 重心稍后移，左腿屈膝，右脚尖翘起，微向外撇。

搂膝拗步——转体画弧

❻ 右脚踏实，左脚尖撑地，上体右转，两臂外旋，开始向右摆动，左手随之向右画弧；眼看左手。

搂膝拗步——转体摆臂

❼ 双臂继续向右摆动。上体继续右转，重心前移，左脚收至右脚内侧，脚尖点地。眼看右手。

零基础学杨氏太极拳

搂膝拗步——上步屈肘

⑱ 上体稍左转，左脚向前上一步，脚跟轻轻落地。右臂屈肘，右手收至耳旁（虎口对耳），掌心斜向前；左手向左、向下画弧至腹前。眼睛平视前方。

搂膝拗步——左脚踏实

⑲ 上体继续左转，重心前移，左脚踏实，左腿屈弓。

搂膝拗步——弓步搂推

⑳ 上体继续左转，重心前移，右腿自然蹬直，呈左弓步。左手由左膝前向左搂过，按于左胯旁，掌心向下，指尖向前；右手呈立掌向前推出，指尖高与鼻平，右臂自然伸直，肘部微弯曲。眼看右手。

5 手挥琵琶

侧身, 两手一前一后, 前后摆动滚转, 犹如怀抱琵琶, 后面护 "中节" 的一手 (保护肘关节的手) 好似挥拨琴弦, 故取此名。

扫二维码观看教学视频

1

手挥琵琶——跟步

❶~❷接上式。右脚向前跟进半步。

手挥琵琶——后坐引手

❸上体后坐, 重心移至右腿, 上体稍向右转, 左臂上提, 右臂后收。右手收回放在左臂肘部里侧, 掌心斜向前下方。左臂提至左肩前微弯曲, 掌心向下。

2

5

手挥琵琶——左虚步
❹ 左腿向前方跨步，呈左虚步。

手挥琵琶——两掌立掌
❺ 左脚脚跟着地，脚尖翘起。
两掌立掌，指尖朝上，高与胸
齐。眼神顾及两掌向前平视。

4

3

6 倒卷肱

在太极拳各家流派中都演练"倒卷肱"这一拳式，但是各家的名称又不一样。各家流派历经几百年的不断发展变化，所演练拳式走架和赋予拳式的内容也各有差别。

扫二维码观看教学视频

1

2

倒卷肱——转体翻掌

❶~❸ 接上式。上体右转，右手翻掌（掌心向上），经腹前由下向后上方画弧平举；左手随即翻掌向上。眼睛随右手移动。

倒卷肱——卷肱退步

❹ 右臂屈肘折向耳旁，掌心向前。左腿轻轻提起，向后（偏左）退步，左脚脚尖着地。

3

倒卷肱——屈臂推掌

⑤ 左脚慢慢踏实，身体重心移到左腿上。左臂屈回向后收掌，掌心向上；右手由耳侧向前推出，掌心向前。

倒卷肱——虚步推掌

⑥ 左臂撤至左肋外侧，右掌向前推出。身体微左转，眼看右手，呈右虚步。

倒卷肱——转体撤手

⑦ 上体左转，左手由下向后上方画弧平举；右手随即翻掌向上。眼睛随转体方向向左看。

零基础学杨氏太极拳

倒卷肱——卷肱退步

❽ 左臂屈肘折向耳旁，掌心向前。右腿轻轻
提起，向后（偏右）退步，右脚脚尖着地。

倒卷肱——虚步推掌

❾~❿ 右臂屈回向后收掌，撤至右肋外侧，
掌心向上；左手由耳侧向前推出，掌心向前。
右脚慢慢踏实，身体重心移到右腿上，呈左
虚步。

倒卷肱——转体撇手

⓫~⓬ 上体右转，同时右手由下向后上方画弧平举；左手随即翻掌，掌心向上。眼睛随转体向右看。

倒卷肱——卷肱退步

⓭ 右臂屈肘折向耳旁，掌心向前。左腿轻轻提起，向后（偏左）退步，左脚脚尖着地。

14

15

倒卷肱——虚步推掌

⑭~⑮ 左臂屈回向后收掌，掌心向上，撤至左肋外侧；右手由耳侧向前推出，掌心向前。身体微左转，眼看右手。同时左脚慢慢踏实，身体重心移到左腿上，呈右虚步。

倒卷肱——转体撇手

⑯~⑰ 上体左转，同时左手由下向后上方画弧平举；右手随即翻掌，掌心向上。眼睛随转体向左看。

16

17

20

倒卷肱——卷肱退步

⑱ 左臂屈肘折向耳旁，掌心向前。右腿轻轻提起向后(偏右)退步，右脚脚尖着地。

倒卷肱——虚步推掌

⑲～⑳ 右臂屈回向后收掌，撤至右肋外侧，掌心向上；左手由耳侧向前推出，掌心向前。右脚慢慢踏实，身体重心移到右腿上，呈左虚步。

19

18

7 左揽雀尾

此动作有象形之意。将对方向自己击来之手臂比喻为鸟雀的尾巴，把自己的手臂比喻为绳索，随着对方手臂的屈伸、上下、左右的动向而缠绕，使其不得逃脱的意思。

扫二维码观看教学视频

1

2

左揽雀尾——转体撤步

❶~❷ 接上式。上体微向右转，右手由下向右上方画弧，右臂微屈，左脚抬起向后撤步。

左揽雀尾——抱球收脚

❸ 左脚撤步至右脚内侧，左右两手在胸前呈抱球状。

3

7

左揽雀尾——转体伸臂

❼ 右手向前伸出，身体微向左转，左手随之前伸，掌心向内。

6

左揽雀尾——迈左脚

❹ 左脚向左前方迈出，脚跟着地。

左揽雀尾——左弓步

❺ 左脚踏实，左腿屈弓，重心前移，两手交于胸前。

左揽雀尾——分掌

❻ 同时双手前后分开，左臂向前方伸出（即左臂平屈呈弓形，用前臂外侧和手背向前方推出），高与肩平，右手向下按压至右胯旁。

085

5

4

8

9

零
基
础
学
杨
氏
太
极
拳

左揽雀尾——翻掌

⑧ 右手经腹前向左上前伸至左前臂内侧下方，翻掌向上；左手翻掌，掌心向前。

左揽雀尾——撒手画弧

⑨ 双手后撒，继而向右下方画弧。

左揽雀尾——转体后捋

⑩ 上体右转，两手同时向下经腹前向右后方画弧后捋。

10

13

左揽雀尾——撤手画弧

⑪ 双手继续向上画弧。右手举于身体右侧方，掌心向外；左臂平屈于胸前，掌心向内。重心后移，身体后坐，右腿屈膝，左腿自然伸直。

左揽雀尾——翻掌与头同高

⑫ 右手由身体右侧方向前翻掌，举至与头同高，眼睛随右手转动。

左揽雀尾——转体屈肘

⑬ 上体向左转，右臂屈肘收回至胸前，右手搭于左手腕内侧。

12

11

正误对比！

双臂向上划臂时，上体应保持不动。

14

15

左揽雀尾——屈弓推掌

⓮ 重心前移,左腿屈弓,右腿自然蹬直呈左弓步。右手推送左前臂向体前挤出,与肩同高,两臂撑圆。

左揽雀尾——分手屈臂

⓯ 左手翻转向下,右手经左腕上方向前伸出,与左手同高,掌心转向下。两手左右分开与肩同宽。

左揽雀尾——后坐翘脚

⓰ 重心后移,身体后坐,右腿屈膝,左腿自然伸直,左脚尖翘起。双手同时后收。

16

左揽雀尾——弓步推手

⑰～⑲ 两手向后引，经胸前收到腹前，
掌心斜向前下方。重心前移，左脚踏
实，左腿屈弓，右腿自然蹬直，呈左
弓步。两手沿弧线推按至体前，两腕
与肩同高，间距与肩同宽，两掌心向
前，指尖向上。眼睛平视前方。

8 右揽雀尾

和"左揽雀尾"相似,只是方向不同。

1

2

右揽雀尾——转体扣脚

1~**2**接上式。身体后坐并向右转,重心移至右腿,左脚尖内扣。两手沿弧线向前方推按至体前,两腕与肩同高,间距与肩同宽,两掌心向前,指尖向上。眼睛平视前方。

右揽雀尾——两手右摆

3右手经头前画弧右摆,掌心向前。

3

右揽雀尾——重心转移

④目光随右手转移，身体重心也由右腿转至左腿。

右揽雀尾——抱球迈右脚

⑤~⑥左腿屈膝，右脚收至左脚内侧，脚尖点地。左手屈抱于胸前，掌心向下，右手屈抱于腹前，掌心向上，两手上下相对，呈抱球状。右脚向右前方迈出，脚跟着地。

7

8

右揽雀尾——右弓步
❼ 右脚踏实，右腿屈膝前弓，重心前移，两手交于胸前。

右揽雀尾——分掌
❽ 双手前后分开，右前臂向前伸出，右掌掌心向内，腕与肩同高，左手向下按压至左胯旁。

右揽雀尾——转体伸臂
❾ 身体微向右转，右手随之前伸，掌心向内；同时，左手前伸，掌心向前。

9

右揽雀尾——翻掌

⑩ 右手翻掌，掌心向前；左手经腹前向右上前伸至右前臂内侧下方，翻掌向上。

右揽雀尾——转体后捋

⑪ 上体左转，两手同时向下经腹前向左后方画弧后捋，右手举于身体左侧方，掌心向外；左臂平屈于胸前，掌心向内。重心后移，身体后坐，左腿屈膝，右腿自然伸直。

右揽雀尾——撇手画弧

⑫ 重心后移，身体后坐，左腿屈膝，右腿自然伸直。双手继续向上画弧，左手举于身体左侧方；右臂平屈于胸前，掌心向内。

13

14

右揽雀尾——翻掌与头同高
⑬ 左手由身体左侧方向前翻掌，举至与头同高，眼睛随左手转动。

右揽雀尾——转体屈肘
⑭ 上体向右转，左臂屈肘收回至胸前，左手搭于右手腕内侧。

右揽雀尾——弓步推掌
⑮ 重心前移，右腿屈弓，左腿自然蹬直呈右弓步。左手推送右前臂向体前挤出，与肩同高，两臂撑圆。

15

右揽雀尾——分手屈臂

⑯ 右手翻转向下，两手分开，两臂向前伸直，与肩同宽，掌心向下。

右揽雀尾——后坐翘脚

⑰ 重心后移，身体后坐，左腿屈膝，右腿自然伸直，右脚尖翘起。双手同时后收。

右揽雀尾——收掌

⑱ 双手经胸前收到腹前，掌心斜向前下方。眼看手掌。

单鞭是传统拳术中动作招式象形化的一个通用式名。单鞭的动作形态是一手钩手,另一手拂面后向前挥出,犹如跨马扬鞭之势,故名"单鞭"。

扫二维码观看教学视频

单鞭——右弓步

①~② 接上式。重心前移,右脚踏实,右腿屈弓,左腿自然蹬直,呈右弓步。两掌呈弧线推按至体前,两腕与肩同高,间距与肩同宽,两掌心向前,指尖向上。

单鞭——后坐扣脚

③ 重心左移,上体后坐,重心移至左腿,右脚尖内扣,同时身体向左转。

6

单鞭——画弧

4 ~ **5** 左臂经头前向左画弧至身体左侧平举，掌心向左；右手经腹前向左画弧至左胸前，眼睛随左手转动。

单鞭——转体画弧

6 身体重心移至右腿，上体右转。右腿屈膝，左腿伸直，右手随转体向右上方画弧，掌心向内。

5

4

单鞭——画弧

⑦ 左手自下向右上画弧，右手翻掌，掌心向前。眼睛随右手移动。

单鞭——钩手收脚

⑧~⑨ 左脚收至右脚内侧，左手举至右腕部，掌心向上，右手经头前至右侧时变钩手，钩尖向下，臂与肩平。

零基础学杨氏太极拳

098

正误对比！

右手钩手直臂朝向前方，不要向后伸展。

单鞭——转体迈步

⑩ 上体微左转，左脚向左前方迈一步，脚跟着地。左手随上体左转而经面部向左画弧，掌心向内。眼看左手。

单鞭——弓步推掌

⑪~⑫ 左脚踏实，重心移向左腿，左腿屈膝前弓，右腿自然蹬直，呈斜向左前方的弓步。左掌经面部翻转慢慢向前推出，腕与肩同高，眼看左手。

第六章 24式太极拳教学动作学习

099

⑩ 云手

此式指两臂交替地循环运转, 因其手势如行云飞空, 动作绵绵不断, 故取此名。重点要做到以腰为轴, 转腰带手。

扫二维码观看教学视频

1

2

零基础学杨氏太极拳

100

云手——推掌

①~② 接上式。重心慢慢向右移动至右腿, 右腿弯曲, 左掌由左侧经下方画弧向右上方推掌, 右手由钩手变掌。

云手——转体扣脚

③ 身体重心移至右腿, 身体渐向右转, 左脚尖内扣。

3

6

云手——转体

④ 左手经腹前向右上画弧至右肩前，掌心斜向内。右手经面部向右侧画弧，掌心斜向内。

云手——转体翻掌

⑤ 上体慢慢左转，身体重心随之逐渐左移。左手经面部向左侧画弧，掌心渐渐翻转向外。

云手——画弧并步

⑥ 左掌停于身体左侧，与肩同高，右手由右下经腹前向左上画弧至左肩前，掌心斜向内。同时右脚向左脚并拢。眼睛随左手转移。

5

4

云手——画弧运转

❼ 右手经腹部向右侧画弧运转，掌心渐渐翻转向外。

云手——画弧

❽~❾ 上体向右转，左脚向左迈一步，重心放在右腿。右掌停于身体右侧，高与肩平，左手由右下经腹前向右上画弧至右腕部，掌心斜向外。

云手——转体
⑩ 左手经腹前向右上画弧至右肩前，掌心斜向内。

云手——转体翻掌
⑪ 动作同步骤5。

云手——画弧并步
⑫ 动作同步骤6。

13

14

云手——画弧运转

13 右手向下经腹前向右上画弧运转，掌心逐渐翻转斜向外，停于左肩前。

云手——画弧

14~15 右手经面部向右画弧运转，掌心逐渐翻转向右，停于身体右侧，高与肩平。眼睛随右手转移。左手由左下经腹前向右上画弧至右腕部，掌心斜向外。

15

云手

16~17 此动作同步骤4、步骤5。

云手——画弧并步

18 收回右脚，两脚并立半蹲，左手在胸前画弧，掌心向前，指尖朝上，右手经过腹前向上画弧直到左肩前，掌心朝上。

⑪ 单鞭

一手钩手，另一手拂面后向前挥出，犹如跨马扬鞭之势，故得名。这是传统拳术的通用式名，在技击上属"拴手"。双臂须前后伸展如拉直了的一条鞭子。在技击上"单鞭"式是连消带打、以守为攻的用法。

扫二维码观
看教学视频

1

2

单鞭——屈臂托掌
❶ 接上式。两腿屈膝半蹲，两脚平行，脚尖向前。同时右手停于左肩前，屈臂托掌，左手停于身体左侧。

单鞭——转体翻掌
❷~❸ 上体向右转，重心右移。同时左手向下经腹前向右上画弧运转，掌心逐渐翻转斜向内，停于右肩下；右手经头前向右画弧运转，掌心逐渐翻转向右。

3

单鞭——翻掌钩手
❹~❺ 右手停于身体右侧，高与肩平。眼睛随右手转移。右手翻掌转变为钩手。

零基础学杨氏太极拳

4

5

正误对比！

右手钩手的位置在身体侧方，注意不要使手臂摆动幅度过大，使钩手过于靠后。

单鞭——跨步

⑥ 眼睛看向右手，左脚向左侧跨步，脚跟着地。

单鞭——转体画弧

⑦ 上体微左转，左脚踏实，左手经面部向左画弧，掌心向内。

单鞭——弓步推掌

⑧ 上体继续左转，呈斜向左前方的弓步。左手经面部翻转向前推出，眼看左手。

探，是伸出手臂去触摸的意思。其动作姿势像高高地站立在马镫上探路，或者说像探身跨马之势，固而得名。

扫二维码观看教学视频

1

2

零基础学杨氏太极拳

108

高探马——跟步翻掌

①~② 接上式。右脚向前跨步，前脚掌着地，双脚并拢。右钩手松开变掌，两手翻转向上，两臂前举，肘关节微弯曲。注意上体自然正直，双肩要下沉。跟步移换重心时，身体不要有起伏。

高探马——原地摆手

③ 保持身体姿态不变，右肘弯曲带动右掌摆动至右耳侧，过程中保持眼睛始终看右掌。

3

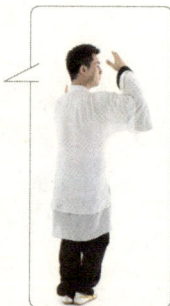

5

高探马——转体屈肘

④ 上体稍右转，重心后移，右脚踏实，右腿屈坐，左脚跟提起。右臂屈肘，右手卷收至耳旁，高与头平，掌心斜向下。眼看左手。

高探马——虚步推掌

⑤ 右肩前送，右手经头侧向前推出，腕与肩同高，掌心向前；左臂屈收，左手收至腹前，掌心向上。眼看右手。左脚前进半步，重心移至右腿，左脚掌着地，呈虚步。

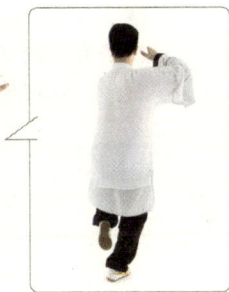

4

⑬ 右蹬脚

此式是以左脚支撑体重，把右脚蹬出，故取此名。蹬脚的动作比较复杂，难度较大，要求有较强的腿部力量和支撑平衡能力。重点抓住"稳"和"协调"两个关键点。

扫二维码观
看教学视频

1

2

110

右蹬脚——转体收脚

❶ 接上式。上体左转，左脚提收至右脚内侧。

右蹬脚——穿掌

❷~❸ 右手稍向后收，左手经右手背向右前方穿出，两手交叉，腕关节相交，右掌心斜向上，左掌心斜向下。左腿向左前方迈步，脚跟着地。

右蹬脚——蹬脚撑臂

❹ 重心前移，左脚踏实，左腿屈弓，右腿自然蹬直。两手同时向左右分开画弧，掌心向前，虎口相对，两臂外撑。

3

4

右蹬脚——合抱

⑤~⑥右脚收至左脚内侧，脚尖点地。两手向腹前画弧相交合抱，举至胸前，右手在外，两掌心皆向内。眼看右前方。右脚抬高到胸前。

右蹬脚——提脚展臂

⑦左腿微弯曲，右腿伸直，两手撑开，掌心均向外，两臂展于身体两侧，肘关节微屈，两腕与肩平。右腿与右臂上下相对，方向为右前方约30度，眼看右手。

右蹬脚——屈膝收臂

⑧左腿支撑，右腿屈膝，右脚脚尖下压，两臂慢慢向内侧收，掌心向内。眼看前方。

双峰贯耳

此式以左右两拳由身后到身前，贯击对方两耳，犹如落下两座山峰，力大无比，故取此名。

扫二维码观看教学视频

1

2

双峰贯耳——收腿落手

❶~❷ 接上式。右腿下落，向右前方上步，脚跟着地。两手收至两腰侧变拳。

双峰贯耳——迈步分手

❸ 重心前移，右脚踏实，右腿屈弓，两臂分别向左右两侧画弧。

零基础学杨氏太极拳

3

双臂上抬时不宜过高，举至与双肩齐平即可。同时不要低头，眼睛向前看。

双峰贯耳——弓步贯拳

④ 左腿自然蹬直，呈右弓步。两拳分别从两侧向上、向前画弧至头前，两臂半屈成弧，两拳相对成钳形，相距同头宽，前臂内旋，拳眼都向斜下。眼看前方。

4

此式从前方往左转 90 度，然后把左脚蹬出，根据其动作特征而取名。

左蹬脚——后坐翘脚
①~② 接上式。左腿屈膝后坐，身体重心移至左腿，上体左转，右脚尖内扣。

左蹬脚——转体
③ 上体左转，重心左移。

左蹬脚——转体分手
④ 两臂伸直，两拳变掌，由面部侧向左右分开。上体左转，右脚踏实，重心右移。两臂内旋，微弯曲，举于身体两侧。眼睛平视前方。

8

7

左蹬脚——收脚画弧

⑤ 左脚收回至右脚左前方，脚尖着地。两手同时由外向内画弧，于腹前交叉，此时两掌心均向外。

左蹬脚——屈膝高提

⑥ 眼睛平视前方，右腿支撑，左腿屈膝高提。两手举至胸前，手心均向内。

左蹬脚——蹬脚

⑦ 两臂画弧分开平举，两手心均向外。左脚脚尖上勾，脚跟用力向左前上方慢慢蹬出，左腿蹬直，与左臂上下相对。

左蹬脚——收腿

⑧ 左腿屈收，脚尖朝下。

6

5

16 左下势独立

本式是指从高的形式突然变为低的形式，其形态好像鹰在空中盘旋，突然下落如捕兔之状，接着以一条腿支持身体，而另一条腿屈膝提起，故取此名。

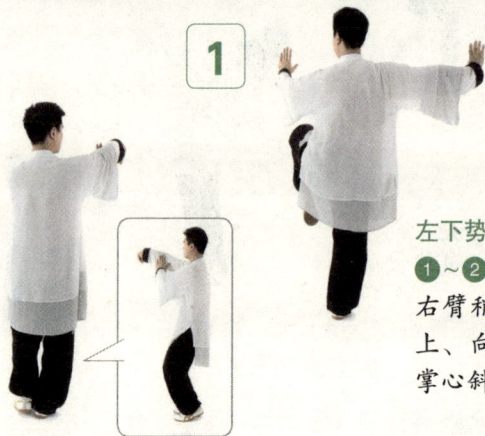

扫二维码观看教学视频

零基础学杨氏太极拳

1

2

左下势独立——收脚钩手

❶~❷接上式。左腿屈收，上体右转；右臂稍内合，右掌转为钩手；左掌向上、向右画弧下落，落于右臂内侧，掌心斜向后。眼看右手。

3

左下势独立——屈膝伸腿

❸右腿屈膝半蹲，左脚下落收于右小腿内侧，沿地面向左侧伸出。

左下势独立——蹲身仆步

❹~❺左腿向左伸直，右腿屈膝全蹲，上体左转呈仆步。左手经腹前沿左腿内侧向左穿出，掌心向右。眼看左手。

左下势独立——外撇扣脚

❻重心移向左腿，左脚尖外撇，左腿屈膝前弓；右脚尖内扣。

4

5

左下势独立——穿掌钩手

❼ 右腿自然蹬直。左手继续向前穿出并向上挑起；右钩手内旋，背于身后，钩尖朝上。眼看左手。

左下势独立——弓腿起身

❽ 缓缓起身，左掌下落，向左肋处画弧；右钩手变掌，收回至身体右侧。

左下势独立——左独立步

❾ 重心前移，右腿屈膝前提，脚尖自然下垂；左腿微屈独立支撑，呈左独立步。

左下势独立——提膝挑掌

❿ 左手下落按于左胯旁；右手经体侧向前挑起，掌心向左，指尖向上，右臂半屈成弧，肘关节与右膝上下相对。眼看右手。

17 右下势独立

本式与"左下势独立"动作相同,只是左右相反。

扫二维码观
看教学视频

右下势独立——收脚

①~② 接上式。右脚落于左脚内侧,前脚掌着地,随即踏实,双腿微屈。

右下势独立——转体

③ 上体右转,左脚以脚掌为轴随之扭转。

零基础学杨氏太极拳

118

右下势独立——钩手画弧

④ 左手变钩手并提举至身体左侧，高与肩平；右手经头前画弧摆至左臂内侧，掌心向左。眼看左手。

右下势独立——蹲身仆步

⑤ 左腿下蹲，右腿沿地面向右侧伸出，转成仆步。

右下势独立——穿掌

⑥~⑦ 右手经腹前沿右腿内侧向右穿出，掌心向左，眼看右手。

8

9

右下势独立——外撇扣脚

❽ 重心移至右腿，右脚尖外撇，右腿屈膝前弓，左脚尖内扣。

右下势独立——穿掌钩手

❾ 右手继续向前穿出并向上挑起；左钩手内旋，背于身后，钩尖朝上。眼看右手。

正误对比！

钩手朝后拉起，钩尖朝上。

右下势独立——弓步起身

⑩ 缓缓起身，右掌下落，然后缓缓下落
向右肋处画弧；左钩手变掌，收回至身
体左侧。

右下势独立——提膝挑掌

⑪~⑫ 上体右转，重心前移。左腿屈膝
前提，脚尖自然下垂；右腿微屈独立支
撑，呈右独立步。右手下落按于右胯旁；
左手经体侧向前挑起，掌心向右，指尖
向上，左臂半屈成弧，肘关节与左膝上
下相对。眼看左手。

传统称"玉女穿梭"。此式动作柔缓,左右运转,动作纤巧灵活,犹如织女在织锦运梭一般,故取此名。简化太极拳式,删除"玉女",改为"左右穿梭"。

零基础学杨氏太极拳

122

左右穿梭——转体撇脚

❶~❷ 接上式。左脚向左前方落步,脚尖外撇,上体左转。

左右穿梭——收脚相抱

❸ 左脚收至右脚内侧。左手翻掌向下,右手翻掌向上,两手在左肋前上下相抱。

左右穿梭——转体画弧

④ 上体右转，右脚提起，经左脚内侧向右前方上步，右脚脚跟着地。右手由下向前上方画弧；左手由上向后下方画弧，两手交错。眼看右手。

左右穿梭——转体右弓步

⑤ 上体继续右转，重心前移，右脚踏实，右腿屈膝前弓。

左右穿梭——推掌

⑥ 左腿蹬直，呈右弓步。右手翻转上举，架于右额角前上方，掌心斜向上；左手推至体前，高与鼻平。眼看左手。

5

4

7

8

左右穿梭——转体抱球

⑦ 重心稍后移，左脚尖外撇，上体左转。右手下落于头前；左手稍向右下画弧，落至腹前，准备"抱球"。眼看右手。

左右穿梭——收脚相抱

⑧ 两手在右肋前上下相抱，左脚收至右脚内侧。眼看右手。

左右穿梭——转体画弧

⑨ 上体左转，左脚向左斜前方上步，脚跟着地。左手由下向前上方画弧；右手由上向后下方画弧，右手下压收至右肋处。眼看左手。

9

零基础学杨氏太极拳

124

左右穿梭——转体左弓步

⑩ 上体继续左转，重心前移，左脚踏实，左腿屈膝前弓。

左右穿梭——推掌

⑪ 右腿蹬直，呈左弓步。左手翻转上举，架于左额角前上方，掌心斜向上。右手推至体前，高与鼻平。眼看右手。

⑲ 海底针

海底，武术穴位名，即会阴穴。此式以手指喻为金针而点对方的裆部。

1

2

海底针——跟步落脚

❶~❷ 接上式。左脚呈弓步，右脚向前跟进半步，前脚掌落地，距离左脚约一脚长。

海底针——转体屈坐

❸ 身体重心移至右腿，右腿屈坐。身体稍向右转，右手下落至胸前；与此同时，左手向前、向下画弧。

3

7

海底针——提脚屈腿

④ 左脚跟提起，右腿微屈。左手落于腹前，掌心向下，指尖斜向前。

海底针——转体

⑤ 上体右转，右手经体侧屈臂抽提至右耳旁。

海底针——提腿画弧

⑥ 左腿提起，左脚尖朝下。左手经左膝前画弧搂过，按至大腿外侧。

海底针——移脚虚步

⑦ 上体左转，向前俯身。左脚前移，前脚掌着地呈左虚步。右手从耳侧向前下方斜插，掌心向左，指尖斜向下。眼看右手。

6

5

4

20 闪通臂

此式动作是将自己的腰椎比喻为扇轴，两臂比喻为扇幅，腰椎转动时两臂向横侧展开，犹如折扇突然放开与收合一般，故取此名。

1

2

零基础学杨氏太极拳

128

闪通臂——提手收脚

①~② 接上式。上体恢复正直。右腿屈膝支撑，左脚回收半步，脚尖点地。右手上提至面部高度，指尖朝前，掌心向左。左手屈臂收举，指尖贴近右腕内侧。眼睛平视前方。

闪通臂——迈步

③ 左脚向左前方迈一步，脚跟着地。

3

右手要撑于头部侧上方，掌心斜向上。

5

闪通臂——弓步分手

④～⑤左脚踏实，右腿蹬直呈左弓步。左手推至体前，高与鼻平。右手撑于头部侧上方，掌心斜向上。

4

第六章　24式太极拳教学动作学习

129

此式直接表达技击动作,指在转身的同时,以两掌向左右搬移对方之来力,然后用左立掌拦阻来手,随之,以右拳进击其肋、胸部之意,故以此为名。此式包含有搬拳、拦掌和打拳三个手法。

扫二维码观看教学视频

1

2

转身搬拦捶——撑掌

1~2 接上式。双掌分别向左右方向外撑,身体重心也由左腿向右腿转移。

转身搬拦捶——转体摆臂

3 重心移至右腿,右腿屈坐,左脚尖内扣,身体向右转。两手向右侧摆动,右手摆至身体右侧,左手摆至头侧,两掌心均向外。

130

3

6

5

转身搬拦捶——迈步搬拳

④~⑤ 身体右转，右脚向前迈出，右脚尖外撇，同时右手随转体变拳，右拳经胸前向前方翻转搬出，拳心向上。

转身搬拦捶——左手落胯

⑥ 右脚跟着地。左手落于左胯旁，掌心向下。眼睛看右手。

4

7

8

零基础学杨氏太极拳

转身搬拦捶——转体
⑦ 身体右转，右脚全脚踏实，身体重心移至右脚。

转身搬拦捶——左掌上举
⑧ 左掌随身体扭转上举，掌心向下；右拳翻拳下落，拳心向下。

转身搬拦捶——屈臂平举
⑨ 身体右转，左脚提收到右脚踝关节内侧，双臂撑圆，屈臂平举于身体两侧，与胸持平。眼睛追随左掌。

9

转身搬拦捶——上步拦掌

⑩ 左脚向前迈出，脚跟着地，左脚尖外撇。左掌拦至体前，高与肩平，掌心向右，指尖斜向上；右拳翻转收至腰间，拳心向左。眼看左掌。

转身搬拦捶——弓步打拳

⑪~⑫ 上体左转，重心前移，左腿屈弓踏实，右腿自然蹬直，呈左弓步。右拳经过胸前向前方打出，肘微弯曲，拳心转向左，拳眼向上；左手微收，掌指附于右前臂内侧。

22 如封似闭

两手臂交叉呈斜十字, 如贴封条状, 称为"如封", 继而两掌微微向里引进, 然后再向前按出, 好像用手关门一样, 称为"似闭"。两掌所运转之动作, 在术语上叫作"封格截闭", 故取此名。

扫二维码观看教学视频

零基础学杨氏太极拳

134

如封似闭——收手附臂

❶~❷接上式。左手微收, 掌指附于右前臂内侧, 掌心向右。眼看右拳。

如封似闭——穿手翻掌

❸左手翻转向上, 从右前臂下向前穿出。

如封似闭——翻掌分手

❹同时右拳变掌, 也翻转向上, 两手交叉伸举于体前。

9

如封似闭——分手平举

⑤ 左手行至右手背处时，两手分开，与肩同宽，掌心向上，平举于体前。

如封似闭——屈坐翘脚

⑥ 重心后移至右腿，右腿屈坐，左脚尖翘起。

如封似闭——后屈收臂

⑦ 两臂同时屈收，两手边分边后引，分至与肩同宽，收至胸前。

如封似闭——后坐左弓步

⑧ 重心后移，双手翻掌向前。重心前移，左腿屈弓踏实，右腿自然蹬直呈左弓步。

如封似闭——弓步推掌

⑨ 两掌经腹前向上、向前推出，间距与肩同宽，腕高与肩平，掌心向前，五指向上，眼看前方。

8

7

6

5

23 十字手

此式动作是指两臂分开转身携抱，而后两手在胸前交错环抱，呈斜十字交叉，故名"十字手"。

1

2

十字手——转体扣脚

❶~❷ 接上式。双臂伸直，掌心向外。上体右转，重心移至右腿，右腿屈坐，左脚尖内扣。注意，此势的手、腰转动和重心移动幅度比较大，同时配合两脚的扣转、外撇和收并。

十字手——转体摆臂

❸ 上体继续右转，右脚向右转，脚尖翘起。右手向右分开摆至右侧头前。

3

十字手——侧弓步平举

④ 右脚踏实，右腿屈弓，左腿自然伸直，呈右横裆步（侧弓步）。右手继续向右画弧，摆至身体右侧，与左手成两臂侧平举，两臂微弯曲，掌心向外，指尖斜向上。眼看右手。

十字手——双手抱举

⑤ 两手下落画弧，在腹前交叉，抱举于胸前，右手在外，掌心向内。右脚尖内扣，身体左转，两腿屈弓。

十字手——两腕交叉

⑥ 两臂撑圆，两腕交叉成斜向的十字。眼睛平视双手。身体重心慢慢移至左腿，右脚向左收回。

24 收势

收势是确保太极拳由无极而太极、复归于无极之式, 从套路编排上符合有始有终的套路, 终点又回到起点。

扫二维码观看教学视频

零基础学杨氏太极拳

1

2

收势——翻掌

1~**2** 接上式。此式是杨氏太极拳终了之势, 收势仍要回归原处, 即预备势、起势。一套拳练完, 收势方向要正, 站立位置要对。两臂内旋, 两手翻转向下。

3

收势——分手前撑

3 两手分开, 与肩同宽。眼睛平视前方。

收势——分手下落

4~**5** 然后两臂慢慢屈平于胸前, 与肩同宽, 掌心向下, 缓缓下落。

138

4

5

9

收势——两臂下垂

⑥ 两臂徐徐下垂，两手落于大腿外侧。眼睛平视前方。

收势——提脚并拢

⑦ 两手落于大腿外侧，左脚轻轻提起与右脚并拢。

收势——收脚还原

⑧～⑨ 左脚前脚掌先着地，随之全脚踏实，恢复成预备姿势，眼睛平视前方。

8

7

6

步法示意图

并步还原时，左脚应注意"点起点落"，均匀沉稳。